문득, 네가 보였다

글섬 첫 시집

문득, 네가 보였다

도서출판 두엄

첫 시집을 내며

내 몸은
네 맘을 담는 그릇
자연은 너와 나를
우리로 껴안은 품이었다.

그리고 말들은
세상살이의 이치를
사람 마음의 본질을
오롯하게 품고 있었다.

서로 다른 너와 내가
각기 다른 마음과 말로
살아가는 제 각각의 세상에서
다름을 아름다움으로 안을 수 있는

말과
마음이 전해지기를

차례

1부 난 그런 당신이 좋다

2부 나와 너의 모음과 마음

3부 문득 네가 보였다

4부 빈 교실

제1부

난 그런 당신이 좋다

그대가 행복해야 내가 행복하다

나 아닌 모두는
나의 그대

'그대'는
당신을 부르는
2인칭 아닌
나를 향한 1인칭

내 밖에 있지만
내 안에 존재하는
또 하나의 나

그대와 나 이미
우리라는 1인칭
그 안에 함께하고 있지
오래 전부터
또한
오랜 날까지

그리하여

그대가 행복해야
내가 행복하다
내가 행복할 때
그대도 함께 행복하다

그냥 지나갑니다

기다리면 올지도 모르지만
기다리면 언젠가는 꼭
오고야 말 그대 집 앞이기에
그냥 지나갑니다 그냥
나인채로 마음도 몸도 없이 그냥
지나갑니다

그냥 지나갑니다
저 별처럼 달처럼
바람처럼 물처럼 흐르고 지나며
우주는 세상의
거대한 역사를 혹은
비밀의 속삭임을 만들었습니다
함께 흐르며

때론 이끌려
때론 떠밀리며
그냥 지나가면

어느새 나는
그대 집 안에 있습니다
그대와 함께 지나가고 있습니다

꽃의 고백

사랑한다 말하면
꽃잎 다 질 줄 알았는데

저녁 하늘
분홍빛으로 물들이는 것을

미안하다 고개 숙이면
꽃대마저 꺾일 줄 알았는데

바람따라 꽃향기
그대 가슴 속속으로 퍼져가는 것을

고맙다
행복하다 웃어 주면
그 맘 그 기쁨

비 되고 빛 되어
온몸 온 맘 온 세상
적시고 비추이는 것을

강물이 바람에게

내 곁엔
내 안엔
언제나 그대가 있었다
그대가 있어 언제나 내가
존재할 수 있었다
언제나 곁에 있어
나를 숨 쉬게 하고
나를 살아 있게 하지만
가장 가까운 곳에서 늘 그저
거저 주기만 했던 그대의 흔함이
나로 하여금 그대의 소중함을 늘 잊게 했다

언젠가 내가 될 그대
이제 그대에게 내가 간다
그대 향해 흐른다

강물보다 강물 같은 그대
숨결 같은 그대

옆자리

처음부터 비어 있었다
내 옆도 그대 곁도

어느 날
내가 멈췄을 때
멈추고 앉았을 때
비로소 거기 옆자리가 생겼다

문득
그대가 멈췄을 때
멈추고 앉았을 때 내 곁에
그대 자리가 내 옆자리 되고
내 자리가 그대 옆자리 되었다

그 후로
햇살이 앉고
바람이 지나가고
꽃잎의 웃음이 열매가 될 쯤
그대 곁 내 자리 조금씩 비워지고

내 옆의 그대 자리 차츰 공허해질 때

이제,
그대 자리가 내 자리 된다
내 자리가 그대 자리 된다

난 그런 당신이 좋다

난 그런 당신이 좋다
허물 있는 그대가 좋다

그리하지 않겠노라
아침에 새끼손가락 걸며 약속하고
저녁 어스름 풀꽃반지처럼 풀려버리는

꼭 그리 하겠노라
바윗돌 위에 새기듯 다짐하고
간밤 내린 비에 모래성처럼 허물어지는

그래서 난
그대가 좋다

그대 구멍 난 자리로
내 모자람 통쳐서 메꾸고
부족한 내가 슬며시 그대의 목발 되어

내가 그대로 인해
조금 더 사람에 가까워진다

편지

하늘같은
그대 맘 받고서
바다 같은 내 마음
꼭꼭 눌러 답장 써도

내 편지엔 한줌 파도만 일렁이네

그 안에 바다 출렁이고
그대 맘 닮은 하늘도 비친다는 걸

그대 알아주려나
생각해 주려나

그러다 정 들었네

봄바람에
손잡고 떠난 소풍 길
그 꽃바람 지나
독한 폭풍우 눈서리
함께 맞으며 가슴에 굳은살 쌓았네

때론 서로에게
미운 눈보라 되며
사랑이 색 바래고 닳기도 했네

그러다 정 들었네
생활의 씨줄날줄
얽히고설킨 인연의 옷 한 벌
함께 짜고 함께 입고 있었네

시간의 언덕 그 벼랑쯤에
나란히 서 있네
같은 바람 맞으며

그렇게 스미며 살아왔네
맛들이며 익어왔네
정들이며 살아왔네

진심

명사를 꾸며주는 말 관형사
동사를 꾸며주는 말은 부사

젊은 시절 이 수식어들을
참 많이 좋아했었다

아름다운 시절들
참 많이 좋아한 당신

그러다 차츰 조금씩
정체된 기성품 명사
앞보다 움직이는 동사
앞의 부사가 더 좋았다

더 열심히 노력할게
어쩌면 다행일지 몰라

지금은 그냥 담백한 표현이 좋다

당신
사랑한다
예쁘다

가뿐하다

가을바람은

느낄 만큼만 불어준다
가을바람은

움츠리거나
내밀지 않아도 되는

숨결 속에 잦아들어
잠 깨우고
잠재우는
그대의 낮은 목소리

우리들 마음은
마르지 않을 만큼만 내리는
가을비

소리 없지만
작은 곳에 젖어들어

잠들며

잠 깨며

두드려 보는 작은 창(窓)

시간 숨바꼭질

무궁화꽃이 피었습니다
무궁화꼬옻이피었습니다아
무구웅화아꼬오옻이피이었습니다아
무우구우웅화아아꼬오오치이이피이어슴미다아……

약속한 이후
만나기까지는 언제나
기다림의 시간
언제고 반드시 올 사람
어쩌면
언제까지나 오지 않을 사람

무궁화 꽃이 피었습니다
돌아다보아도

무과꼬치피어슴다
기다림으로 술렁거리는 시간들 속에

무구웅화아……

나보다 먼저 지치는 커피
그리고 그 속에

그리움 꽃 가득 피었습니다

아득히 먼 저 별도

여기서 먼 그대
내가 다가가면 언젠가
내 앞의 당신

아득히 먼 저 별도
마음으로 당기면
순간 1인칭

땅 위의 슬픔 하늘에 올라
비 되어 마른 나무를 적시고
내 작은 숨결로 나뭇잎 푸르고
나무의 숨결로 내가 맑게 살아가니

새들의 슬픈 노래
바람의 이야기도
아득히 먼 저 별의 얼굴을 닮고
눈물을 훔쳐 주니

여기서 먼 그대

언젠가는

내 앞의 당신

수저

숟가락과
젓가락

혼자면 혼자인 대로
조금은 불편하지만 뭐 그럭저럭

허전해서 조급해져서
서로 곁에 두고 함께 하니

참 좋았어

번갈아 잡는 게 귀찮아
같이 붙어 있어 보았네

오히려 불편해

숟가락과
젓가락

참 좋은 일

내 손에
먹을 게 있다는 것

내가 그것을
맛있게 먹을 수 있다는 것

함께 먹어 줄 사람이 있어
맛나게 먹는 모습 바라볼 수 있는 것

참 좋은 일
참 좋은 행복

코너킥

내 골라인을
내가 넘겼을 때
너에게 주어지는 페널티

90도 호 안에서만 차라고
친절하고 단단하게 금 그어 놓은 자리
넘지 말라는 선 가장 바깥 끄트머리에서
너는 혼신의 힘을 다 해 찬다

내 급소를 찌르기 위한 프리킥!

내가 나도 모르게
내 길 밖으로 나가 버렸을 때
그대여
코너킥으로 내 골문을 노려라

하지만
그어진 금 안에서만
내 심장을 향해 칼을 날려다오

자꾸 진다

자꾸 진다
툭,
툭

지난여름의 아픔
내리는 가을비에 낙엽 되어
툭, 툭, 툭!

자꾸 진다

팽팽했던
젊은 날의 줄다리기

이제는 한없이 느슨해진 내가
그대에게

자꾸 진다
툭 툭 툭

아무 말 하지 않아도

아무 말 하지 않았지만
말하지 않은 게 아니었다

그가 남긴
침묵의 백지 위에
이제 내가
그 마음 속 간절함
그려 보여줄 차례임을
알아야 할 순간

장미꽃 피워낸
줄기의 가시 돋음이
서녘 하늘 물들이는
노을의 낯붉힘이
적막의 어둠을 향해 가고 있음을
함께 읽어 주어야 할 시간

내 주변을 맴도는
메가헤르츠 단위의 주파수에

나의 둔한 채널을 돌려 맞추라는
마지막 절규의 신호일지도 모를

단풍

이제야 꽃피는구나!

아직은 무언가 남은 11월
지난여름 땡볕과 폭우에 키워낸
열매들 옹골지게 세상으로 떨구고
이제 네 스스로 꽃이 되었구나

허공의 가지 끝
악착스러웠던 집착 놓고
너를 흔들었던 바람 타고
지상으로 이룩한 네 오랜 꿈이
바람 따라 바람 속에 펼치고 있구나

지난 여름날들
굴욕과 일률의 녹색을 던지고
하늘 푸른 오만에 당당히 맞서고
서녘 노을의 화려함과 화답하며

이제야 너는 꽃피는구나

네 온몸으로 꽃이 되었구나
서로를 부비며 또 한세상을
흐르고 있구나

만남의 좌표

잠깐 사이
깊은 사랑에 빠지고

오랜 사람과
영영 이별은
순간의 감정

잠시 잠깐 사이
과녁을 빗나간 감정이
영원의 나락으로 날아가곤 한다

땅 위의 끝없는 X축 수평선
하늘을 향한 무한의 Y축
그대와의 만남은 그 접점의 좌표 하나

무한의 우주에 찍힌 한 점

한 점에서 출발하면
그대와 함께한
무한의 내 생애

약속

굳이 따로 하지
않아도 될지 모른다

모든 약속은
이미 정해져 있기에

정해진 대로
그 시각
그 곳에 가면
너를 만날 수 있다

약속을 어기는 건
언제나 나였던 것

약속은
언제나 그 자리를 지키고 서 있다

너와의 오랜 약속
그 약속을 어긴 건
언제나 나였다

우연

내 삶의 공든 탑은
열심과 성실한 노력으로
내가 쌓아가는 줄 알았는데

내가 쌓던
작은 돌 하나하나
모두가 우연이었네
우연의 벽돌들 사이 다만
내 작은 필연이 진흙처럼 끼어 있었네

지금
이
세상에
내가 태어나고
그대를 만나고 우리 헤어지고
떠나는 모든 것들 전부

필연같은 우연이었네
우연같은 필연이었네

세월(歲月)

저 하늘
광막한 어둠에
저 달 키우는 것도
시간(時間)이라는 세월
가득한 보름달
삭아 내리게 하는 것도
무심히 흐르는 세월이니

한 세월 함께 흐르며
난 그저 바라볼 뿐
그대와 함께 흐르다

그 어느 날
무심히 사라지는
어느
낯익은

혹은
낯선 별처럼

제2부

나와 너의 모음과 마음

에파타*

그 사람이 어떻게
그럴 수가 있어

그렇게 생각하면
그를 용서할 수 없다
그래서 분노만 쌓인다

사람이니까
그 사람이니까
그럴 수 있다

이렇게 생각하면
그를 이해할 수 있다
그래서 그의 마음에
한걸음 더 다가갈 수 있다

육체의 귀로만 들으면
때로 우리는 느닷없이
귀머거리가 된다

소리는 몸이 내지만
의미는 마음에서 울려 나오기에
말의 소리에 묻은 혹은
묻혀 있는 마음을 들어야 한다

"에파타!"

*예수님이 귀머거리의 귀를 열게 해 주시며 외친 소리. "열려라!"의 뜻

쉰, 그리고 예순

나이 50 쉰
오르기보다 힘든 내리막길 위해
쉬어가는 숫자였구나 온전한 삶의 수
100을 향해 처음의 그 곳으로 다시 돌아가는

설익고 서툴렀던 젊은 생애 꺾어 접고
농익고 곰삭은 생애로 다시 맛들이기 위해
푹 쉬고, 한번쯤 쉬어 꼬부라져야 한다고
마음이 망각한 자국을
갱년기 몸이 그걸 기억하고 있었네

쉰 줄에서 예순은 조심조심
내려가는 길이라고
쉰이 예순이 내게 말해주네
예순하라고 이순하라고

모든 것에
예– 하고 순종하고
거친 말도
내 귀에 순– 하게 들으라고

나와 너의 모음과 마음

여럿이 함께 있는데
나 혼자일 때가 있다

나 혼자인데 누군가
나와 함께하고 있다는
뭉클함 느낄 때도 있었다

관계 속에 살아가지만
관계없는 사람들과 이어지는 공간
관계있는 사람들과 단절되는 시간의 연속

나는 당신의 너가 되지 못하고
당신은 나의 너가 되지 못하는
한 누리에 살고 있는 우리들

나의 모음을 한쪽 켠으로 돌리면
너의 모음과 같아지고
네 모음을 조금 열면
내 마음이 될 수 있음을

작은 모음들이 가르쳐 주고 있네

못 세 개

못1 [釘]

쾅! 쾅! 딱!
납작한 머리
삐쩍 마른 정신
뾰루퉁한 주둥이
너는 오직 직진 일방통행
휘어지는 순간 버려지고 마는
한 평생 그 자리 제자리

못2 [not]

너는 가서
모든 동사들의 숨통을 조여
네 앞에 무릎 꿇게 하라!

못3 [湖]

흔들리지 않고 가슴에
고요히 하늘을 펼치고
넓고 깊은 마음으로 담아
작은 것들 품고 키워내되

붙잡지 말고 조금씩 놓아 보내기
썩지 않기 위해

회기역에서

돌아갈 수 있는 역이 있다
회기역

맑고 시원한 다음 정거장
청량리(淸凉里)

뒤돌아서면 중랑으로
서울을 벗어나 춘천 가는 길

길치가
방향치가 헤매다

어디로 가야 하나
마음은
몸은

회기역에서
비슷하게 회귀 한다

당신 있는 곳으로

사람 삶 사랑

사람
삶
사랑은 하나의 말뿌리[語根]

그러므로

사람은
살아가며
사랑을 꽃피우는 나무

사랑하는 사람들은
서로를 자기(自己)로 삼아
살뜰히 살펴주며
때로 삼가고,
자기를 불처럼 살라
서로의 삶 속에
사랑으로 사무치는 것

아름다움

아름답다의 어근(語根)
'아름' 은
'안음'

인류 최초 그리고
세상 끝날까지 남을
아름다움

엄마가
아가를
안음

그 모습
아빠가
바라봄

기다림

기대어
기일게 귀
기울여 그대 오는 소리

내가 가진 반쪽의 서쪽 하늘
그리움으로 채우는
오후의 서정

바람 부는 곳으로
기울어 가는
길모퉁이에서의
아름다운 설레임

기도(祈禱)

돌아보고[示]
또 돌아보는[示] 것 나를
오랜[壽] 침묵 속에

낱낱이 나를 베어[斤]
나의 허물을 찾아내는 시간

그분께
청구서 작성하는 시간 아닌
내가 그분께 바쳐야 할 목록
가슴에 새기고

그분이
내게 하시는 말씀
들리도록 침묵하는 시간

만남

마음 속 가득
맞이하는 것
그리던 고운 님

그리고 때론
홀로인 나를 맞이함

마음과 마음의
마주잡음
오랠수록
더욱 사무치는

기다림의 끝
그러나 때로
헤어짐의 간이역

영혼의 동반을 위한
기다림의 새벽

감기(感氣)

막을 길이 없습니다
공기를 마시는 사람이면 누구나
일생에 한 번 쯤은 앓게 되는 병

떠난 뒤에도
예기치 않은 때에 다시 찾아와
신열로 몸살을 앓게 하고는
다시 훌쩍 떠나버리는 이 병

주위 몇몇 사람들도 앓고 있었습니다
의사 선생님은 모두를
같은 병명으로 진단했습니다
숨 쉬는 심장을 가진 사람이면
사람과 더불어 사는 이면 누구나
쉽게 앓을 수 있는 흔한 병이라구요

그러나
막을 길이 없습니다
함께 앓으면서도

언제나 그들과 다른 나만의 병

나는 지금
그대를 앓고 있습니다

사귀다

아릿하고 질긴 무 배추
짜고 매운 소금 고추 만나
삭으며 서로에게 스미는 길

서로의 가슴에
서로의 살 속에
조금씩 조금씩 익어가는 것 그렇게

서로가
귀해지는 것

속삭여도
마음 깊은 소리 들리는 것

꽃

꽃
에 점 하나 빠지면
꿏
거기 받침 흐트러지면
끝

햇살 부서지던 아름다운 빛깔도
나비 부르던 매혹의 향기도
사그라들고
사라지는 것

꽃
도 끝
끝도
꽃

우리네 인생 꽃과 같아서

아쉬움

떠난 뒤
눈 앞에
아련히 남는
안타까움 기일게

늘어진
뒷그림자를 향해
아름답게 손 흔들 수 있는
쉽게 흔들 수 없는
마음의 끝자락

돌아 서 잠시라도 가슴에
안고 싶은
쉬게 하고픈 내가 바라고
아낀 것의 떠나 보냄

빈자리

벤 자리다!

무언가 아픈 상처
아문 자리임에 틀림없다

빈자리로 만들기 위해
지난 날 그 아픈 상처가 남긴

흉터이다!

하므로
함부로 앉으려 하지 말라

베어진 상처
그 그림자만이라도 보인다면
그때에 조심스럽게 서성거려라

서둘러 함부로
앉으려 하지 말라

절대로!

줄다리기

당신이 당긴 만큼
나도 당겨야 합니다

내가 쓰러지지 않기 위해 그리고
당신을 고꾸라뜨리지 않기 위해
당겨간 만큼 당신은 휘어지고, 지켜야 하고
끌린 만큼의 길이로 솟아오르는 나의 오기(傲氣)
분노(憤怒)

끝을 알리는 총소리는 끝내
울리지 않습니다
들리지 않습니다
허공에서 맴돌 뿐
줄은 점점 팽팽히 긴장을 더해만가는데
줄 끝에 선 한 두 사람 조금씩 간격이 멀어집니다
떨어져 나가 쓰러집니다

가장 가까이 당신과 난 마주보며
두 눈 부릅뜨고 이를 악물고 입술이 터지고

그러나
가장 팽팽한 긴장 앞에 선 당신과 내가
손 잡을 수 있는 가장 가까운 곳에 있습니다
마주 얼싸 안을 수 있는 뜨거운 혹은 냉정한
그 거리에

안주(安住) 혹은 안주(按酒)하기

어묵 국물에 떠 다니는 잘린 파처럼 떠도는 세월 인생은 유행가 속에 흐르고 막소주처럼 쓴 삶에 우리는 무엇을 안주로 취할 수 있는가

담배 연기처럼 날리우며 꼬치에 걸린 야생의 동물처럼 현실에 꿰어 나뒹구는 토막난 꿈들 우리는 취할 때 무엇으로 안주 삼아야 하나

취할 때의 삶과 취하지 않았을 때의 현실 이 한 장의 절묘한 차이 딱 한 잔 꼭 한 병만 마시자며 모두 비우고 모두 비워지는 나의 술자리 우리 인생의 공간

돌아보지 마라 후회하지 마라 아– 바보같은 눈물

내 술자리 파할 무렵에도 끊임없이 새 삶은 어서 오세요 안 쪽 자리로 속속들이 파고드는데 누구의 등 뒤에 감사하다는 말 뚜렷한 인쇄체로 남길 것인가 내 삶은

어디서 어디서 잠 들텐가

아아 볼 사람 찾는 이 없는 조그만

담뱃불 사그라들고 당그라니 남은 꼬챙이 이승을 떠나면 우리들 고통의 합계는 얼마이며 우리는 얼마를 현금으로 지불할 수 있는 것인가

시인은 시인은 노래 부른다
그 옛날의 사랑 얘기를

아무리 배를 채워도 굶주리는 영혼 허기지는 육신 그러나 한 가닥 사랑 질긴 희망으로 살아 있어 막잔은 남겨 놓고 떠난다 다시 처음인 마지막 담배에 불을 붙이며

눈이 내렸네, 첫사랑처럼

오늘 아침
첫사랑처럼 눈이 내렸습니다
아득한 곳에서 하늘거리며 내려와
가슴 설레는 잠시의 머무름

그리곤 문득 사라져 버려
둘러봐도
돌아다 봐도
다시 돌아 봐도
추억의 그림자로만 하얗게 남아 있는
코흘리개 첫사랑 그 기억의 흔적처럼
눈인 듯 바람인 듯 가버린 오늘 아침 첫눈

언제 어떻게 가버린지 모르는
첫사랑처럼 사라져 버린 첫눈
그것은 첫눈이 아니라 우겨봅니다
가버린 그 사랑이 우리의 지금 사랑 아니듯

오늘 아침

첫사랑처럼 사라져 버린 그 눈은 첫눈이 아니었습니다

이 겨울 내
언제고 내릴 눈
살아가는 한 세월 언제고 내릴 사랑
그것이 언제나 우리에겐 첫눈이고
그것이 언제나 우리에겐 첫사랑임을
눈물로 찍어주며 오늘 아침
작고 하얀 첫눈이 첫사랑처럼 다가왔습니다

어떤 논쟁

아녜요 선생님
여자는 마지막 사랑이지만
남자는 첫사랑이에요

하지만 선생님
여자는 어제를 생각하며 살고
남자는 내일을 향해 뛰어요

아녜요 선생님
여자의 어제는
마지막 사랑과의 어제이지만
남자는 첫사랑과의 그날을
가슴에 새겨 둔 채 살아요

그렇지만 선생님
여자는 때로 그의 첫사랑을 마지막 사랑과
한자리에 놓아 보기도 하지만
남자는 그의 첫사랑과 마지막 사랑을
한자리에 두진 않아요

남자는 마지막 사랑을 위한 자리를
깨끗이 비워 두어요

아녜요 선생님
여자는 마지막 사랑에 자신의 전부를 맡겨요

....

맞아요 선생님 하지만
남자도 마지막 사랑에 그의 전부를 걸고 있어요

우산

묵묵히 그대 바라보고 있습니다
비 맞으며
초록빛 꿈으로 젖어

나의 이 자리가 바로
그대의 자리임을 알아
나를 바로 세우고
그대를 굳게 지키는
산이고 싶습니다

바람 불어도
그 자리에 있을 겁니다
늘 그렇게
그대의 산으로.

그대 떠돌다
뒤돌아 보는 바로 그 곳에
바람 맞으며 바람 막으며
살뜰히 그대 지키고 가려주는

그대의 이름패 달린
그대 소유의 작은 산이고 싶습니다

부채(負債)

누군가에게
갚아야 할 것이 있다는 모자람
혹은 받을 것이 있다는 여유분

그대에게 진 나의 부채를
언제나 다 갚지 못함은
그대로 하여
내게 받을 만큼의 넉넉함을 주고

그 넉넉함과
모자람으로 어쩌면 내가
그대에게 구속당하고 싶음이다

그대에게 주어야 할 것이 있다는
나의 뿌듯한 의무감
넉넉한 모자람

누군가에게
줄 것이 있다는 넉넉함
받아 줄 사람이 있다는 즐거움

제3부

문득 네가 보였다

문득, 네가 보였다

화살표가 가리키는 방향이

왼쪽일까
오른쪽일까

앞으로 가라는 걸까
뒤로 물러서라는 걸까

이렇게 서면 오른쪽

뒤로 돌아서
이렇게 서면 왼쪽

이러면 앞으로 가고

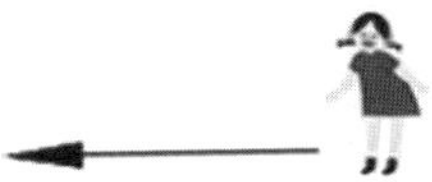

이렇게 우울한 뒷걸음이 되기도 한다

화살표 앞에서
문득, 네가 보였다

어둠의 숲 속
흔들리는 잎새 뒤에서

아침을 깨우는 은빛 새소리

광어와 도다리

왼쪽에 눈이 있으면 광어
오른쪽에 눈이 있으면 도다리
그렇게 알고 있어도 둘을 구별하기 어려워

광어 가격이 오르면
광어는 광어 되고
도다리도 광어 되어 팔린다

그러다 도다리가 귀해
값이 오르면
광어가 도다리로 둔갑하고
도다리는 그냥 도다리로 팔린다

서로가 귀하게

사람의 두 눈 가운데에 있어
광어라 부르면 광어 되고
도다리로 여겨주면 귀한 도다리 되니

광어가 광어에게
도다리가 광어에게
도다리가 도다리에게

옳은 쪽이든
그른 쪽이든

서로 귀한 광어
스스로가 귀한 도다리

거꾸로 보기

신문의 1면부터 보면
마지막 면까지 볼 욕심에
중간 면들을 대충 보며 지나가버리곤 했다

드라마 다시보기를 할 때 결말이 궁금해
끝부분부터 먼저 보고 처음으로 돌아가면
인물들의 대사와 행동의 의미들이 보였다

내 인생의 드라마를 다시보기 한다
결말의 그날을 시작으로 거꾸로 보기 한다
나 극본
나 연출
나 주연

다시보기를 생각하며
다시 쓰고
거꾸로 보는
나의 드라마

To Be Continued

기차는 나를 기다려주지 않는다

기차는 나를 기다려주지 않았다
뒤돌아보지 않고 떠나는 기차의 뒤 꽁지에
시간이 함께 꼬리를 물고 뒤따르고 있었다

철로와 기차 바퀴 사이가 빚어내는
갈등의 쇳소리가 야속함으로 들릴 때 쯤
기차가 말했다

시간이 나를 기다려 주지 않았다

기차는 나를 기다려 주지 않는다
시간도 나를 기다려 주지 않는다

떠나는 기차의 뒤 꽁지에
네가 꼬리를 물고 함께 가고 있었다
뒤돌아보지 않고

나무는 가문 땅에서도 빗물을 가두지 않는다

코페르니쿠스를 지나 갈릴레이가
인간을 한 우주의 방랑자로 남긴 후
한때는 신도 땅 위의 하늘 밖으로 떠난 듯 했다
적어도 뉴턴의 나무에서 사과가 떨어지기 전에는

뉴턴의 나무에서 사과가 떨어질 때
모든 별들이 우주의 시야에 함께 도착했다
거대한 별들이 저마다의 힘으로 서로 당기며
당긴 만큼의 제 힘을 상대에게 똑같이 준다는
만유인력 공존의 법칙이 신의 선물로 도착했다

조금 기울어진 지구는
인간의 결점을 합리화해 주었고
일그러진 타원 궤도는 사계절의 추억을
색색으로 물들여 주었다

지구가 태양을
만유인력 공존의 힘으로 돌아
별을 대신해 땅 위로 비가 내리고

하늘로 잎을 피우고 땅 아래 뿌리 내린
나무는

가문 땅에서도 빗물을 가두어 두지 않았다
빗물 또한 가문 땅을 그냥 지나치지 않았다

벙어리의 노래

늘 침묵하고 있습니다
당신들이 보기엔

그러나 냉가슴은 그대들의 것
우리들 가슴 속엔
사랑의 언어들이 뜨겁게 뛰어놀아

시린 겨울의 거리에서나
혼선의 도심에서나
가슴 뒤흔드는 사랑의 노래
폭 작은 손 흔들림 속에 살아나
보입니다 잘 들립니다

늘 침묵하고 있습니다
당신들은 소리치지만
냉가슴은 언제나
닫혀진 그대들의 몫
화려한 불빛 아래서나
골목 끝 어둠 속에서나

발 밑 굳은살

언제나 짓눌리며
조금씩 죽어 가지만
아직 난 생명(生命)의 한 귀퉁이

– 당신의 온 몸을 지탱한다

하나씩 떨어져 나가며
때론 티눈 같은 못 되어 당신에 대한
나의 존재
찌르며 알려보지만 언제나
당신은 침묵(沈默)

– 우리의 사랑이든
  당신의 진실이든

돼지저금통 사랑법

받으면서 멋모르고 웃었습니다

주시지 않을 때에도
늘 기다리며 당신
향해 웃고 있었습니다

당신이 주신 여분의 사랑
가슴 가장 깊은 곳에
오롯이 간직하며
미소 짓고 있었습니다

늘 그러했듯이

내 가슴 찢기며
모든 것 다 빼앗겼을 땐
드러누워 하늘 향해 웃었습니다

잊혀져 가며
버려지는 순간까지도

난 웃고 있습니다

늘 그러했듯
냉가슴 앓으며

단풍 위에 눈 내리다

깜박 잠든 사이
새벽 끝자락 어디쯤에서
눈이 퍼붓고 있었습니다

아직 떠나지 못한 가을 몇몇
길 모퉁이에 웅성거리며 모여
제각기 눈을 맞고 있습니다

영하와 영상을 오고가는
세상의 변덕에
눈은 비가 되기도 하며

눈 내리는 세상의 빛깔은
내리는 눈 아니라 그 눈 맞이하는
배경(背景)이 만드는 것이었습니다

평온한 지붕은
예쁜 그림 속 풍경이 되고
앙상한 가지 흔들리는 폭풍의 언덕은

슬프고 시린 소설의 배경이 되었습니다

오늘
우리들
삶의 배경 위에
내리는 눈

여름 가고 가을이

나를 잠 못 들게 했던
땡볕과 무더위
어제의 그 여름 자리에
오늘은 같은 이유로 열기가 모자라
차가운 방바닥에 밤 꿈이 뒤척여야만 했네

사랑으로 인해 아팠던 가슴
똑같은 그 자리에서
사랑이 떠난 아픔으로
잠 못 이룰지도 모를 내일의 밤

불행이 머물렀다 생각한 그 자리
바로 그 자리가 행복과 같은 자리였음을
여름 가고 난 그 자리에
가을의 청량함과
가을의 쓸쓸함이 함께 와 있음을

여름 가고
가을 온 자리에서 알았네

여름 가고
가을 온 그 자리에서야 알아차렸네

가끔은

가끔은
그런 날이 있어야 한다

기차가 궤도를 벗어나듯
일상의 법칙에서 탈선하는 날

탈선한 나와
탈선한 네가
서로 만나

또 다른 궤도 되어
뿌연 증기 내뿜으며
탈선으로 달리는 역설

그래서 다시 살아날 수 있는
그런 날

인생에서 가끔은
그런 내가 있어야

산다

넘어졌다가
다시 일어
선다

불이 들어온다

배터리 나간 전화기
늦가을 차가운 구들
정전으로 칠흑같은 방
말라붙은 밥알 몇 붙은 밥솥
싸늘하고 뻣뻣해져버린 손발

스위치가 켜진다
따듯한 온기가 돈다
환한 전등불빛이 들어온다
보글보글 밥물이 끓어오른다
핏기 돌며 부드러운 살내음 느껴진다

"살아 있다!!"

달 사냥

먼 하늘
도는 달

맨발 온몸으로
쫓아가면

달은
달아나 버리네

빈 배에 몸 실어
무심히 노닐면

달이
내려와 함께 흐르네

저물녘 한강변에서

몇 번이었던가 저기 저 앞에 희망 있을 거라는 믿음과 조바심으로 정지 신호를 무시한 채 내달렸던 위험한 직진의 순간들 겨우 지나가면 다시 나를 막아서는 정지 신호 그래도 바람에 휩쓸려 물결에 떠밀려 여느 실낱같은 물줄기 함께 강이 되어 바다로 흘러 가고 있는 줄 알았는데 어느 해질 무렵 난 강변에서 한 자갈돌로 머무르고 있는 모습으로 발견되었네

더러는 저기 먼 남쪽 강변의 모래 자갈들 도심의 빌딩들로 치켜 설 때, 그랬구나. 나는 애초부터 저 물과 달랐구나 나는 흐르는 물이 아니었구나

모난 구석 나름대로 아프게 깎으며 깎이며 둥글어지며 세월 속에 굴러왔구나 각자의 자리에서 서로 상처 주지 않으려는 착한 자갈돌끼리 모여 흘러가는 강물들의 음모에 대해 수군거리며 바람에 묻어오는 작은 이웃들 웃음소리에 위안 받으며 굳건히 나의 단단함을 지키며 이 저녁 회색빛 도시를 물들이는 노을 풍경의 한 조각으로 남아 있었던 것을

지금 저 강물 위 유유히 떠가는 유람선이며 다리 위를 질주하는 자동차들이며 강의 해저를 오고가는 지하철 수많은 인생들이 지나온 세월 만큼 지나갈 세월 만큼 시간의 스크린 위로 명멸하지만 그래도 난 언제나 내 마음 속 주인공 되어 이 자리에서 수없는 내 중심의 카메라를 돌리지 않았던가 관객없는 영화들 세월은 그렇게 저마다의 행성 중심으로 돌아가는 것

어찌하겠는가 하는 수 없지 않은가 그래도 우리 앞에 떨어지는 벚꽃잎이든 단풍잎이든 싸락눈이든 한 장 희망의 편지처럼 날리며 내일 아침 오래된 습관으로 어느 환승역 7-3 승강장 문 앞에서 또 하루의 문 안으로 내딛을 수밖에 없지 않은가 저기 저 안에 여기 바로 내 앞에 희망이 있을지도 모른다는 이젠 조금씩 소박해지는 겸손함으로

(2019년)

한강(漢江)

1
끝내 너희들의 젖줄이고 싶었다
아직도 내 영혼엔
맑은 바람이 일어
물결 푸르게 출렁이는데
너의 목젖으로 내달릴 은빛 꿈
가슴 아래 술렁이는데
무릎부터 썩어 오르내리는 뼈
마디마디의 류마티스

2
한 차례의 큰 전쟁이 있었다
다리가 끊기는 아픔이 있었지만
아이들은 모두들 용케
다시 일어섰다 몇몇은 쓰러지고
쓰러진 다리보다 더 많은
다리가 세워질 때
세워진 다리만큼 난 야위어가고
아이들은 하나 둘씩 나를 떠났다

3

궤양으로 허물어지는 위
경화증에 굳어가는 간
이제 널 안아줄 수도 없다
도수 높은 안경을 껴 보지만
자꾸만 색 바래는 네 얼굴
햇살에 뿌옇게 일그러진다 흔들린다

4

밤이 깊어도 잠들지 못하는 꿈
술 한 잔에 출렁이고
은밀한 곳에선
여전히 피고름 터져 나오는데
끝내 너희들의 젖줄이고 싶다
조롱박 버들잎 아래 다시 살아나
메마른 네 입술 적시고
보드라운 네 발바닥
내 푸른 손금으로 만져 볼 날
내 꿈인 것을

너의 것인 것을 끝내
너희들의 생명이고 싶다

(1991년)

탄혼제(炭魂祭)

1
화전1동 山 1번지의 산을 오르면
아이들의 하얀 도화지 위로
검은 냇물이 흐르고
맞은 켠 갱(坑) 막장
어둠의 처음에서
하늘 끝으로 太古의 불씨를 퍼 올리는 아버지들

흑빛 바람 껴안고 날마다 떠나는 도시
하늘의 노여움 내려와 연못이 되고
어머니들은 두려움의 여울목에서 날마다
검은 탄복 검게 빨아내셨다
검은 물은 강이 되어 맑게 흐르고
바다가 되고 하늘이 되고

2
어느 날 퇴근시간이 채 되지 않아
흔들리며 돌아오신 아버지
까마귀 하늘 낮은 곳에서

먹빛 울음 핏빛으로 무너질 때
어둠을 사르고 버려진
흰 석탄재 들국화 한 무더기

3
아버지의 가슴 속엔 날마다
검은 불씨 한 움큼씩
무덤으로 내려앉고
밤마다 까매지는 어머니의 배꼽
그 곳에선
달빛 먹은 아가가 태어나고
하얀 이가 돋아나고

– 냇물아 흘러흘러 어디로
 넓은 바다 보고 싶어 –

4
太陽이 조는 太白역
양지 반대편 그늘엔 서울로 가는 길이

끝없이 평행으로 이어지고

화전1동 炭 1번지의 땅 처음에 서면
아이들의 까만 도화지 위로
푸른 별빛이 흐르고
맞은 켠 언덕 위엔 다시
수 백 만 년 뒤 太初의 불씨가 된
아버지의 탄원 메아리 하늘 끝으로
혹은 세상 이 편으로 하얗게 하얗게

소우(小雨)

세종문화회관 뒷골목
두어 평 남짓 반 지하 카페 주점

작은 비처럼
작아진 사람들이 모여든다

작고 낮은 사람들이 좋아
허리 숙이어
스스로 작아지면서
옹기종기 모인다

길모퉁이 작은 이 집처럼
보일 듯 말 듯
고단한 일상
지고 있는 듯
내려놓은 듯

술이 흐르고
노래가 퍼지면

구겨진 하루가
종이배처럼 접어져
작은 빗속에 소우소우 흐른다

지하 소우(小雨)

하루의 고단함이
비처럼 젖어올 때

일상을 내리고
조금 더 아래로 내려가면
모퉁이 돌아 작은 비
내리는 집 있다

목마와 숙녀는
떠나갔지만

주인 아낙네의 미소가
언제나 흐르고

누군가의 기타 소리에
아련한 우리들 추억
현재형으로 살아나 가슴 적시는

일상의 고단함이

노래에 젖고
빗소리로 흩어지는

광화문 변호사회관 건물 지하
추억의 첫 모퉁이
소우(小雨)

영전(靈前)에서

부끄럽습니다
어머니

죽음은 삶의 끝에
있는 것이 아니었습니다
우리들 삶 속에서
끊임없이 우리가 만나야 하고
우리를 유혹하는 죽음

결국 우리는
죽음의 울타리 안에서
삶을 영위해 나아가는 것이
아니겠는지요

깨끗한 영혼을 위해
아름답게 산다는 것 그건
결국
아름답게 죽기 위한 것이겠지요

부끄럽습니다
어머니

미움 있어 사랑은 사랑답고

겨울이 추워 봄이 봄답다

미움 있어 사랑은 사랑답고
사랑 있어 미움은 미웁지 않다

잎새 없는 가지에 바람 걸리지 않듯
사랑 없는 가슴에 미움의 가시 돋지 않기에

미움의 바탕색은 사랑

사랑 있어 미움은
미움다워야 한다

미움의 바탕색은
사랑이어야만 한다

제4부

빈 교실

봄 사냥

겨울 냇가에 얼굴을 씻고
눈 덮인 山 길을
홀로 걸으면

지구의 내부를
울리는
발디딤

山 새의 경쾌한
하이
소프라노

頂上의
바위 끝
고드름 한 입 깨물면

"오드득!"

겨울이
깨어지는 소리

어항 속의 물고기

1
무언가
어항 밖
세상 사람들에게
하루 종일
말하려 하지만
끝내…
한 마디도 못하고 마는
안타까운 나날의 몸짓들

2
갇혀 있기에
나는 자유로운 몸
너희들은 내게 손 댈 수 없다!

열쇠

현대인은 저마다
몇 개씩의 열쇠를 꼭 가지고 다닙니다
허리춤에
가방 안에 혹은
주머니 속 깊은 곳에

열어야 할 문보다
잠궈야 할 자기의 門을 위해
나누어 줄 것보다
불안하게 지켜야 할 것이 많기에

안에서 나를 반겨
문(門)을 열어줄 사람이 없기에

현대인은 저마다
잠금쇠 하나씩 가지고 다닙니다

허리춤에
가방 안에 혹은

마음 속 깊은 곳에
외로움의 징표 몇 개씩 지니고 삽니다

파도가 해변에게

날마다 그대에게 달려간다
맨발 맨 가슴으로 달려가 무너진다
내 온 몸 온 사랑은

늘 함께 있어도
손잡을 수 없고
나를 던져 부서져도
가슴에 스밀 수 없는 그대의 견고함

영하 18℃ 한랭전선
엉키며 덮치는 바람

강풍에
섬광처럼 날려 온
미움의 씨앗 하나

따스히 키운다

비정한 그대 가슴에
단단히 뿌리 내릴 사랑

작게 깜박이는 빛들

메마른 도시에 비가 내린다
회색빛 포도(鋪道)에 하늘이
내려와 앉는다

작게 깜박이는 빛들을
더욱 빛나게 하는 이런 날

꺾여지는 길이지만
자기의 길을 가기 위해
작은 깜박이를 반짝이며 기다리는
도시의 자동차들처럼
오늘 같은 날
아이들의 눈빛이
더욱 빛나는 별들로

달려 온다
내게로

명심보감(銘心寶鑑)

삶이란
운명의 자동차로
평생을 운전하는 길

평생의 길이기에
오른 만큼 내려오고
내려 온 만큼 오를 길 남는 법

절망의 빨간불 앞에서
필연의 푸른 신호 믿으며
침묵으로 견디고 기다리는 길

횡액은 가로질러 오는 것
좌우도 보며 앞으로 달려가기
뒤에서도 숙명처럼 나를 덮치니
가끔은 뒤를 살피며 내 자리 찾아가기

비탈길에 맞게 기어 바꾸기
간격 보며 가속하기

미리미리 정지하기

빨리 달리지 못하는 것보다
멈춰야 할 지점에 정지하지 못하는 것
그것이 영원히 멈추는 것임을 명심할 것!

명심보감(銘心寶鑑) · 2

— 지행합일(知行合一)

지혜로운 생각으로
의(義)라 판단되면 행하고
불의라 생각되면 행하지 않음

이것이 군자의 도리라
군자가 되려면 언제나
따지고 갈등하고 맘 졸여야 한다

허나 성인(聖人)은
마음 가는 대로 행동해도
도에 어긋나지 않는 경지라 했으니
늘 편안하게 고민하지 않고 자유롭게 행동한다

이것이
참된 지행합일
성인의 경지라 한다

머리보다 마음보다
몸이 먼저 바른길을

알아서 행하는 것이니

좋은 습관이 바로 그것 아니겠는가?

명심보감(銘心寶鑑) · 3
— 마음 둘 곳

마음 있는 곳 곧 몸 안이라
내 맘 있어야 할 곳은 바로
지금 내 몸이 있는 곳이라

몸과 마음이 멀수록
불행이 다가오고
마음과 몸이 가까우면
행복이 함께 따라온다네

몸은 멀리 움직이기 어렵고
마음은 작게 움직이기 어렵네

몸은 작게 움직이기 쉽고
마음은 크게 움직이기 쉬우니

마음 둘 곳은
내 몸 가까운 곳

몸이 곧
마음이니

명심보감(銘心寶鑑) · 4

— 정반합(正反合)

순간의 선택이
평생을 좌우한다는데
선택이 끝난 순간 선택은
현재진행형으로 살아 숨 쉰다

우리가
함께 산다는 건
날마다 나를 반으로 쪼개고
쪼개진 반쪽을 버린 후

남은 반쪽으로 서로를 채워가는
정-반
합

명심보감(銘心寶鑑) · 5

— 행운(幸運)

나에게 소중한 하나
너에게 귀한 것 하나
서로를 위해 버린 뒤

완벽하게
불완전한
반과 반

양보와 배려
마음과 실천
두 잎 두 잎 모여
하나 이루는
네 잎 행운

둘이서 함께
만들어가는 행복

그것만이 완전한 행운

명심보감(銘心寶鑑) · 6

— 삶, 그 시간들

운명의
투수가 던진 공
의지의 직선으로
휘두르는 순간순간들

인생 역전의
몇 안 되는 그 숫자
미리 알지 못한 역설의 며칠간

순간에 엄습할
숙명, 너무나 분명한
미래의 한 순간
시간들의 그 끝

그 앞에
줄서서 기다리는 희망을
밟으며 혹은
스치며 지나가는 길

명심보감(銘心寶鑑) · 7
— 다음번에

다음번에 해도 괜찮다

다음번이라도 할 수 있어
그나마 다행일 수 있고

어쩌면 다음번에 타는 편이
더 나을지도 모를 일이다

지금 내가 놓친 그 기차

다음번에도 열지 않는 게
영영 다행일 수도 있다

지금 내가 간절히
열고 싶은 그 비밀의 상자는

명심보감(銘心寶鑑) · 8

— 한걸음 뒤에서

한걸음 차이로
앞설 수도
뒤따를 수도 있다

앞서려면 뛰어야 하고
뒤따르면 마음만 앞서고
몸이 서둘게 된다
더 멀리 더 많이 뛰어야 할지도 모른다

한걸음 뒤에서
멈춰 서면
아쉬움이 앞뒤에 서지만

숨이 돌아간다
쉼표 위에 생각이 머문다

가르친다는 것

우리가 누구를
가르친다 함은 손
가락으로
가리키는 것 아니라 그가
가야 할
길을
가만히 내가 먼저
가는 것

우리가 무엇을
가르친다 함은 내가
가진 것 그냥 내어
주는 것 아니라 나의 고통
가만히
가리고 부토(腐土)에서
아름다운 열매
가지런히 푸른 하늘에
내다 거는 나무의
가지가 되는 것

맨 꼴찌에 서서

내
뒤엔
아무도 없었다

그
절망감

혹은

그
통쾌함!

빈 교실

1
배우가 떠나버린 빈 무대다
1막 2장
단 한 번의 대단원의 막
마지막 박수 갈채를 위해
분주히 대사를 외우고
배역에 맞는 분장으로
떠돌며 뛰던 너희들의 무대

지금은 2장을 위한 인·터·메·쪼

저기
아직
대사를 못 다 외운 미경이

여기
너희들을 위해
아직
객석을 떠나지 못한
목이 긴 김선생님

2

아이들이 돌아가버린 겨울 놀이터다
미끄럼을 타고 내려오던 웃음소리
그네처럼 흔들리던 너희들
열 아홉의 갈등이
지금은 모퉁이를 돌아
어느 어두운 방
작은 불빛으로 깜박이다
내일 아침
뜨거운 태양으로 다시 떠오르길 기다리며

나
아직
여기
나무처럼
뚜렷이
서
있다

오늘도 너희들을 생각하며

1

이른 아침 문득
나를 흔들어 깨우는 건 언제나
아침 햇살보다 먼저 찾아오는
너희들의 목소리다

이슬보다 맑게
눈을 씻고 마음을 닦아
비 갠 아침 하늘을 보면
너희들의 웃음만큼 높아질 너희들의 하늘

학교로 향하는 길을 건널 때면 언제나
내 앞에 서 있는 신호등,
열아홉의 위험한 길을 무사히 건너 험한
세상을 숨가삐 달려야 할 너희들
나는 그 길목에 선 너희들의 신호등이다

2

교실 문을 열며 너희들

마음의 문을 연다
문을 열면
싱그러운 너희들의 푸른 향기 그러나

때론 나는 본다
너희들 마음 한 켠 구석에서
너희들의 푸름을 갉아 먹으며
끝내는 그것이 너희들의 얼굴이 되고 말 것 같은
너희들의 가면을
진정 너희들도 그것이
제모습인 양 착각 할

지금 쯤
내게 맞은 아픈 자리를 부비며
그 상처를 아파할 너희들
그러나 사랑하는 내 꽃들아
너희들은 알아야 한다
내가 내려친 그 회초리는
너의 날개를 잡아매는 게으름의 손에 가한

하나씩의 단단한 못박음질이었음을
너를 태우고 달려갈 꿈과 희망의 말에
세차게 가한 채찍질이었음을

하루를 마감하는 종례 시간
내 아이들아
유리창의 먼지를 닦으며
구겨진 휴지를 쓸어내는 시간은
너희들의 흐려진 눈을 닦고
구겨진 마음을 쓸어내는 시간임을 알아야 한다

3
해가 지는 어스름 저녁
교무실 유리창을 흔드는 바람 소리에
열매 맺지 못하고 가지를 떠난 꽃을 생각한다
내가 서 있는 그 자리에
너희들은 나의 꽃이다
내 가지에 핀 나의 꽃 모두
크고 향그런 열매 맺기를 바라는 나는

너희들을 위한 욕심쟁이 나무다

별을 보며 너희들을 생각한다
나는 안다 이 밤
저 하늘의 별빛들은
아직 잠 들지 않은 너희들의 눈빛임을
저 별빛들이 모여 내일 아침
너희들이 마련한 또 하나의 햇살이
나를 비출 것임을

별을 보며
오늘도 나 너희들을 생각하며
나의 하루를 접는다

언제나 새로운 세상

— 안서혜, 이승윤에게

안녕, 어제여!
안녕? 오늘이여!

어제와 똑같은 일상의 반복 같지만
어제와 똑같은 내 모습 같아 보이지만
오늘은 언제나 어제와 다른
또 다른 세상이 펼쳐지고 있단다

너 역시 어제와 다른 너이기에
달라진 나와 만나는 우리 앞에 펼쳐진
서로의 하루, 함께하는 만남 또한
처음이자 가장 나중인 것

그래서 매 순간이 처음이고
그 처음이 매 순간 마지막인 것
그러므로 현재는 언제나 하나뿐인 가장 소중한 것
그 마음의 혜안(慧眼)을 항상 뜨고 살아야 한다는 것!
그리하여

이 세상 시작부터 끝까지
나로부터 너에게로 혹은 너로부터 나에게
그리고 우리에 이르기까지 모두가 매 순간이 소중한 것
매 순간 행복해야 할 이유인 것
반드시!

매 순간 즐겁지 않아도
인생이 모두 승리의 기쁨으로 채워지지 않아도
삶의 고단함을 배경으로 생의 아픔이 발단을 이루고
슬픔으로 그 생애가 전개된다 할지라도
우리는 위기의 순간에 기쁨의 반전을 준비하며
환희의 절정으로 치달을 지금을 마음껏 즐겨야 한다

인생의 윤택(潤澤)함은
애초부터 주어진 것 아니기에
지금 이 순간 나에게 오는 매 순간은
언제나 처음이고
언제나 마지막이기에

우리들 삶, 한 曲의 음악처럼

1
처음엔 조금 빠르게, 그러나 여리게
우리들 삶 한 곡의 음악처럼
높은음자리표로 시작하여
C장조 흔들리지 않게 한 걸음씩
노래하다 살아가다 숨차면
작게 쉼표 하나, V生活의 마디 선 위에

2
가끔은 발라드風으로 가볍게
밀었다 당겼다
다투며 가는 길
반 음정만 내리면
돌아선 당신 자리에
한 박자로 남는 마음의 쉼터, 조금 떨리면서…

2악장 헤비메탈
알레그로 콘모토 혼신의 힘으로
줄이 끊어지도록

가죽이 터지도록
점점 빠르게
점점 세게
온몸으로 흐르는 땀방울의 음표들
싸이키 조명에 흔들리는 세계
함께 흔들리다 흔들다
점점 느리게
리타르단도……… 천천히

3
우리들 삶 한 곡의 음악처럼 때로
조바꿈하여 B플랫 장조 방황하며
멜로디에 사랑타령 가사 진하게
한 잔 거~얼치고, 한 박자 쉬~면
잠깐 동안 잠잠해지는 어지러운 世上

모자를 벗어 내려 놓으세요
힘든 일상의 오선지 한가운데 이렇게

「한 마디 다 쉬어가도 좋습니다, 가끔은…」

4
라르고의 발걸음에
시간은 모데라토로 흐르고
음악은 어느덧 늦은 오후
늘어지는 2분음표의 권태로움
善惡의 구분없이 이어지는 타협의 붙임줄, 문득
백지로 비어버리는 오선지

그러나 당신만을 위한 카텐자

멋진 피날레를 위해
우리들 삶, 당신의 삶
곧고 굵은 마침줄을 세우며

F.O 다시 부를 수 없는

가을비

10월의 마지막 날
이른 아침 눈을 뜨니
창밖에서 누군가 걸어오는 듯
투둑
투둑
투두둑……

비가 내리고 있습니다

내리는 빗방울
피곤한 여름 나뭇잎
가을빛으로 세수시키고

방울방울
동그라미를 그립니다
참 잘 했어요, 참 잘 했어요
지난겨울 봄 여름 가을날들
우리들 밟고 지나온 길 위에
동그라미 동그랗게 그리며

지난 시간을 쓰다듬습니다

교정을 걸어가는 내
어깨와 등 뒤를
토닥토닥 두드립니다
그동안 수고했노라고
가을비
투둑
투둑
투두둑

노래 한 줄

50여 년 내 삶 다 엮어도
노래 한 곡 못 되는데
노래 가사 한 줄이
가끔씩 내 생을 흔든다

"있을 때 잘해"

이 노래 끝까지
부르지 못하지만
무언가 할 수 있을 때,
그대 내 곁에 있을 때 잘하라
자꾸 나를 흔든다

"사랑하기 딱! 좋은 나이"

내 평생 모두
지금이 사랑할 수 있을 때
사랑하기 딱 좋은 나이라고
무엇이든, 언제든
지금 이 순간 사랑하라고

나를 일깨우는 노래 한 줄

문득, 네가 보였다

2020년 1월 10일 초판1쇄 찍음
2020년 1월 15일 초판1쇄 펴냄

지은이 _ 김병화
펴낸이 _ 나문석
편　집 _ 장상호
디자인 _ 김옥경

펴 낸 곳 _ 도서출판 두엄
등록번호 _ 제03-01-503호
주　　소 _ (41969) 대구광역시 중구 명륜로12길 21
대표전화 _ (053) 423-2214
전자우편 _ dueum@hanmail.net

ISBN 978-89-85645-86-7 03810

이 도서의 국립중앙도서관 출판예정도서목록(CIP)은 서지정보유통지원시스템 홈페이지(http://seoji.nl.go.kr)와 국가자료공동목록시스템(http://www.nl.go.kr/kolisnet)에서 이용하실 수 있습니다.(CIP제어번호: CIP2020000506)